DIE REIHE
Archivbilder

LEOBEN

Das Wappen der Stadt Leoben erschien erstmals auf dem Siegel einer städtischen Urkunde im Jahr 1298. Die Umgestaltung in die heute gebräuchliche Form erfolgte 1954 durch Prof. Franz Mayer-Beck, einem Leobener Künstler. Die offizielle Beschreibung des Wappens lautet: „Der Vogel Strauß auf rotem Grund, ein Hufeisen im Schnabel und eines mit dem rechten Fuß haltend." Aufgrund antiker Überlieferungen wird der Vogel Strauß als „Eisenfresser" bezeichnet. Man war der Meinung, der Vogel könne Eisen fressen und verdauen. Aus diesem Grund wurde er schließlich zum Symbol für den in Leoben über Jahrhunderte florierenden Eisenhandel.

Das Stadtwappen von Leoben ziert zahlreiche Denkmäler und öffentliche Einrichtungen der Stadt. Dieses Foto zeigt ein Detail des Engelsbrunnens auf dem Leobener Hauptplatz.

DIE REIHE
Archivbilder

LEOBEN

Susanne Leitner-Böchzelt

SUTTON
VERLAG

Sutton Verlag GmbH
Hochheimer Straße 59
99094 Erfurt
http://www.suttonverlag.de

ISBN 3-89702-408-X

Druck: Midway Colour Print, Wiltshire, England

Leoben um 1870. Der Leobener Hauptplatz ist hier mit Blick nach Norden dargestellt. Er stammt aus der Zeit der Neugründung der Stadt um 1263. Die Nordseite des Hauptplatzes hat noch eine geschlossene Häuserfront. Diese wurde erst 1889 und 1912 zum Josefeé hin aufgerissen und wich dem Jahrzehnte lang bestehenden „ Durchbruch".

Inhaltsverzeichnis

Vorbemerkung und Danksagung

In unserer hektischen, immer schneller werdenden, von Computern bestimmten Zeit sollte die Rückbesinnung auf Vergangenes nicht zu kurz kommen. Die Medien bringen aktuelle Begebenheiten immer schneller in die heimischen Wohnzimmer. Viel zu oft wird dabei die nächste Umgebung, die eigene Heimatstadt und die damit verbundene eigene Vergangenheit vergessen. Gerade Bilddokumente aus früheren Jahrzehnten können dazu beitragen, eine Beziehung zu Dingen, Personen und Ereignissen aufzubauen und die Menschen auf die Geschichte ihrer Stadt aufmerksam zu machen.

Zahlreiche Bilder, die in diesem Buch zu sehen sind, sind wahre Raritäten. Fotografien von einzelnen Ereignissen, etwa vom Besuch Kaiser Franz Josefs I. in Leoben oder von den Waldberainungsfesten, sind besondere Stücke und in diesem Buch erstmals der Öffentlichkeit zugänglich.

Interessante Einblicke in die bauliche Entwicklung der Stadt werden durch die Zusammenstellung von topographischen Fotografien gegeben. Hier sind es vor allem die Aufnahmen, die in den 1950er und 1960er Jahren im Auftrag der Stadtgemeinde Leoben von der Fotografin Karin Ritter zur Erfassung der Neubauten gemacht wurden und heute großartige Dokumente der Schwarzweiß-Fotografie darstellen.

An dieser Stelle sei den Menschen gedankt, die schon in den vergangenen Jahrzehnten den Bildern ihrer Großeltern und Urgroßeltern soviel Bedeutung beigemessen haben, daß sie diese Fotos und andere Dokumente gesammelt haben. Nur die Sammelleidenschaft Einzelner und das Bewahren von Bilddokumenten in öffentlichen Institutionen wie Museen und Archiven machen Bücher wie das vorliegende erst möglich.

Im Leobener Stadtmuseum wurde bereits vor zwanzig Jahren von Univ.-Prof. Dr. Günther Jontes und seinen Mitarbeitern mit dem Aufbau eines übersichtlichen Fotoarchivs begonnen, dem in den folgenden Jahren von Privatpersonen – wie Frau Dr. Erika Augustin, Antonia Blasnik oder Felix Weber – oder von Leobener Fotografen – wie Max Mayer oder Karl Krall – zahlreiche Fotos als Schenkungen übergeben wurden. Einen wesentlichen Bestandteil des Fotoarchivs des Stadtmuseums bildet auch das Bildmaterial aus dem ehemaligen Bergbau Seegraben, das die alten Förderanlagen, die Gebäude und auch Ereignisse dieses 1964 geschlossenen Betriebs gut dokumentiert. Seltene Fotos aus dem Bereich von Donawitz stammen von Josef Grüner und der Pfarre Donawitz. Allen Genannten sei herzlich gedankt.

Mein Dank gilt natürlich auch der Stadtgemeinde Leoben mit Herrn Bürgermeister Dr. Matthias Konrad, der mir die Möglichkeit gegeben hat, die Bestände des Archivs des Museums der Stadt Leoben für mein Buch zu nutzen und auf diese Weise der Öffentlichkeit zugänglich zu machen.

Leoben – Ein historischer Überblick

Leoben ist die zweitgrößte Stadt der Steiermark und Zentrum der Obersteiermark, seit Generationen ein bedeutender Industriestandort, eine Schul- und Universitätsstadt und hat sich in den letzten Jahren als Kulturstadt mit zahlreichen ethnologischen und kulturgeschichtlichen Ausstellungen einen Namen gemacht.

Die erste Nennung von Liupina findet sich in einer Urkunde aus dem Jahre 904. Darin wird mit diesem Namen noch das gesamte Tal des Vordernbergerbaches bezeichnet. Erst später ging er auf eine kleine Siedlung im Bereich der Mur über. Am Fuße der Massenburg gelegen, war sie schon im Frühmittelalter ein wichtiger Handelsplatz und Kreuzungspunkt mehrerer Handelsstraßen.

Seine Vormachtstellung als Eisenhandelsstadt erlangte der Ort bereits im Mittelalter durch die Nähe zum steirischen Erzberg, dem „ehernen Brotlaib" des Landes, und zum Gebiet von Vordernberg und Innerberg mit seinem umfangreichen Abbaugebiet und der großen Zahl von Schmelzhütten.

Kurz nach dem Jahr 1262 ist die Neugründung der Stadt Leoben anzunehmen. Unter dem steirischen Herzog König Ottokar II. von Böhmen wurde die Ansiedlung im Bereich der Massenburg aufgegeben und durch eine planmäßige Stadtanlage in der Murschleife ersetzt. Die nach der Mitte des 13. Jahrhunderts erbaute und befestigte Stadt bildet bis zum heutigen Tag die Leobener Altstadt und war zur Zeit ihrer Errichtung mit einem großzügigen Hauptplatz und einer geschlossenen Anlage der Häuser ein hervorragendes Beispiel für mittelalterliche Stadtplanung.

Beinahe gleichzeitig entstand auch die Waasenvorstadt am linken Murufer südwestlich der Altstadt. Zentrum dieses Stadtteils war die Kirche „Maria am Waasen", die erstmals um 1170 genannt ist. Die Vorstadt Waasen war mit der Altstadt durch die Mautbrücke – heute Waasenbrücke – verbunden. Im Bereich dieser Vorstadt befanden sich bereits im Mittelalter unzählige Hammerwerke an den Ufern des in die Mur mündenden Vordernbergerbaches.

Ebenso wie Luipina wird in der Urkunde von 904 villa costiza genannt. Dieses stellt den Ursprung des heutigen Ortsteiles Göß dar. Die Entwicklung von Göß wurde vom Benediktinerinnenstift Göß – dem ältesten Kloster der Steiermark – von dessen Gründung im Jahr 1020 bis zu dessen Aufhebung 1782 durch Kaiser Josef II. bestimmt.

Der heutige Ortsteil Donawitz nahm bis 1939, als die bis dahin unabhängig existierenden Gemeinden Göß und Donawitz mit Leoben zu „Groß-Leoben" verschmolzen wurden, eine eigenständige Entwicklung. Erstmals im Jahr 1149 als Tunuize erwähnt, entwickelte sich Donawitz erst ab der Mitte des 19. Jahrhunderts durch die Gründung des ersten Stahl- und Puddelwerkes des Landes zu einem wichtigen Industriestandort.

Leoben erhielt bereits im 13. Jahrhundert das Stadtrecht und alle damit verbundenen Privilegien. Mit dem Eisenhandelsprivileg von 1314, das allen anderen Orten im Tal des Vordernbergerbaches den Handel mit Roheisen verbot, wurde die Stadt zum Zentrum des Eisenhandels in den Südostalpenländern.

Den höchsten Anteil der Leobener Bevölkerung bildeten zu dieser Zeit die Gewerken und Eisenhändler. Der wirtschaftliche Aufschwung machte sich durch die Gründung von Aktiengesellschaften, aber auch durch den Ausbau der Häuser in der Stadt direkt bemerkbar.

Nach der Mitte des 16. Jahrhunderts setzte ein Niedergang des Eisenhandels ein. Die Blütezeit für Roheisen war vorüber. Erst rund zweihundert Jahre später intensivierte sich der Eisenhandel wieder. Die privilegierte Stellung im Eisenhandel wurde Leoben schließlich ganz genommen, als Kaiser Josef II. im 18. Jahrhundert alle Eisenhandels-Vorrechte Leobens aufhob. In dieser Zeit machten sich auch die veralteten Abbau- und Verarbeitungsmethoden in den Vordernberger Betrieben deutlich bemerkbar.

Bedingt durch die Zuwanderung aus den Bergbaugebieten Deutschlands vermerkte man in Leoben bereits 1524 das Aufkeimen von lutherischem Gedankengut, was zu zahlreichen bischöflichen Visitationen in der Stadt führte. Um die Mitte des 16. Jahrhunderts war beinahe die gesamte Leobener Bevölkerung protestantisch. Erst 1599 unterwarf man sich dem Willen der Obrigkeit und bekannte sich wieder zur katholischen Kirche.

Im Zuge der Gegenreformation siedelte Kaiser Ferdinand II. im Jahr 1613 die Jesuiten in Leoben an. Diese hatten nicht nur starken Anteil an der Rekatholisierung der Bevölkerung, sondern griffen mit dem Ausbau der ehemaligen landesfürstlichen Burg zum Jesuitenkolleg auch spürbar in die kulturelle Entwicklung der Stadt ein. Mit ihrer schulischen Tätigkeit, ihrem religiösen Brauchtum und dem lateinischen Schultheater prägten die Jesuiten das kulturelle Leoben in der Stadt bis zur Aufhebung des Ordens 1773. Die in der Zeit von 1660 bis 1665 errichtete Kirche zum hl. Franz Xaver – heute Stadtpfarrkirche – gehört zu den besterhaltenen Jesuitenkirchen in Österreich.

Während Leoben in frühen Jahrhunderten von kriegerischen Handlungen nur am Rande berührt worden war, war es von den Franzosenkriegen ab der zweiten Hälfte des 18. Jahrhunderts direkt betroffen. Neben zahlreichen Invasionen, Truppendurchmärschen, Plünderungen und anderen Gewalttaten hatte die Stadt 1797, 1800/01, 1805 und 1809 die französische Besatzung zu erdulden.

Das wichtigste politische Ereignis im Zusammenhang mit den Auseinandersetzungen zwischen der französischen Republik und den europäischen Monarchien war die Unterzeichnung des Vorfriedens von Leoben am 18. April 1797. Mit diesem von Napoléon Bonaparte und den europäischen Gesandten unterzeichneten Friedensvertrag wurden entscheidende Gebietsveränderungen des damaligen Europa beschlossen.

Nach dieser ereignisreichen Zeit fanden Leoben und sein Umland erst wieder ab der Mitte des 19. Jahrhunderts zur Ruhe. Bedingt durch die industrielle Revolution und ein damit verbundenes wirtschaftliches Umdenken in der Eisenindustrie kam es auch im Raum Leoben zu bedeutenden Veränderungen und Erneuerungen.

Der industrielle Aufschwung von Donawitz durch eine neue Technologie in der Eisenverarbeitung, die Verlegung der montanistischen Lehranstalt von Vordernberg nach Leoben 1849 sowie die Anbindung Leobens an das Eisenbahnnetz ab 1868 führten zu einem Neubeginn. In den Jahren 1885 bis 1889 begann man im Bereich von Alt-Leoben mit einer planmäßigen Stadterweiterung nach Norden und erschloß damit einen weiteren Bereich in der Murschleife als Baugrund. Hier entstanden auf dem als Josefeé bezeichneten Bereich der Stadt zahlreiche Wohnbauten, aber auch die Montanuniversität, Schulen etc. Der Erweiterung der Stadt fielen zahlreiche mittelalterliche Befestigungsbauten wie Stadtmauer und Torbauten zum Opfer. Einzig das ehemalige Mauttor – der heutige Schwammerlturm, das Wahrzeichen von Leoben – blieb bis heute erhalten.

Weitere gravierende Einschnitte in der urbanen Entwicklung brachten die beiden Weltkriege, obgleich die Stadt während des Zweiten Weltkrieges keinerlei Bombenschäden davongetragen hat. Damit teilte man in Leoben nicht das Problem des Wiederaufbaus, das damals vielen Städten bevorstand. Die historische Bausubstanz überstand auch diese harten Zeiten, und so konnte in den Jahren nach 1945 bereits an Verbesserungen im Verwaltungsbereich, bei Wohnbauten und in wirtschaftlichen Belangen gearbeitet werden.

Seit dieser Zeit hat sich Leoben kontinuierlich zu einer Industrie- und Montanstadt entwickelt.

1
Die Stadt und ihre Umgebung

Diese Aufnahme entstand um 1912. Sie zeigt Leoben mit Innenstadt und Umland. Von Norden blickt man auf die im 13. Jahrhundert gegründete regelmäßige Stadtanlage in der „Murschleife". Zu erkennen sind auch zwei Murbücken: Waasen- und Winkelfeldbrücke. Rechts im Vordergrund sieht man die Waasenvorstadt jenseits der Mur. Dahinter sind die heutigen Ortsteile Leitendorf und Göß erkennbar.

Das Wahrzeichen von Leoben ist der „Schwammerlturm". Diese Aufnahme entstand um 1920. Sie zeigt den Turm von der Seite der Waasenvorstadt. Er gehörte ursprünglich zur Befestigungsanlage der Stadt und wurde als Mauttor oder Mautturm bezeichnet. 1794 wurde das ursprüngliche Dach des Turmes bei einem Erdbeben zerstört und durch das bis heute existierende originelle Kuppeldach ersetzt, dessen Form der Turm seinen Namen verdankt.

Leoben vom „Schwammerlturm" aus gesehen. Der Blick geht von hier nach Süden. Auf der linken Seite erkennt man die im 12. Jahrhundert errichtete Waasenkirche. Rechts sieht man die von 1846 bis 1848 erbaute Redemptoristenkirche in der Gösserstraße.

Die Waasenbrücke ist eine der ältesten Brücken Leobens. Die aufwendige Stahlkonstruktion stammt aus dem Jahre 1895. Bereits im 13. Jahrhundert war die Waasenvorstadt mit der Innenstadt durch eine Brücke verbunden, die sich an derselben Stelle befand.

Einen eher seltenen Blick auf Leoben bietet diese Ansicht. Die gesamte Anlage der Leobener Innenstadt ist auf dieser Postkarte aus den 1950er Jahren zu sehen.

Ein Blick über die Mur in Richtung Waasenbrücke aus der Zeit um 1900: Links sieht man Ackerflächen des heute dichtbebauten Josefeé und den imposanten Bau der ehemaligen landesfürstlichen Burg, die ab 1613 Sitz des Leobener Jesuitenkollegs war.

Eine seltene Perspektive auf Leoben hat man vom Häuselberg aus. Der Großteil des heutigen Stadtteiles Leitendorf ist noch unbebaut. Nur entlang des Straßenzuges der Donawitzerstraße ist eine regelmäßige Bebauung in der Waasenvorstadt zu erkennen.

Vom Galgenberg aus geht hier der Blick Richtung Nordosten. Im Vordergrund die 1923 bis 1927 erbaute Pestalozzi-Hauptschule in Donawitz, die gerade fertiggestellt wird. Rechts im Hintergrund die sogenannten „Unfallhäuser“ in der Vordernbergerstraße.

Diese Panorama-Ansichtskarte von Leoben aus der Zeit um 1906 läßt Teile des unbebauten Josefeé ebenso erkennen wie einen Teich im Bereich der Kreuzung Zeltenschlagstraße und Vordernbergerstraße, an dessen Stelle in den 1960er Jahren ein Hochhaus errichtet wurde.

KARL DONAU

Leitendorf und Donawitz nach 1921. Im Hintergrund erscheinen vor der Kulisse des schneebedeckten Reitings die rauchenden Schlote des Stahlwerkes in Donawitz. Rechts der Kalksteinbruch am Galgenberg.

Die Leobener Innenstadt vor der Kulisse des Reitings und des Annaberges mit der Schlackenhalde, 1932.

Ein Blick über drei Kirchen von Leoben. Diese Aufnahme entstand um 1910 und zeigt im Vordergrund die 1188 urkundlich erstmals erwähnte Jakobikirche, dahinter die Redemptoristen- und die Waasenkirche.

Ein Blick über den Leobener Hauptplatz aus den 1930er Jahren.

Ein verschneiter Hauptplatz an einem Winterabend in den 1960er Jahren. Das heute zu einer Einkaufspassage umgebaute „Alte Rathaus" war damals noch Sitz der Stadtverwaltung.

Der bereits nach 1263 mit der Stadtgründung von Leoben in der Murschleife so angelegte Hauptplatz wirkt auf dieser Ansicht von 1875 eher öd und leer. Interessant erscheint die Umrandung des Bergmannsbrunnens mit Prellsteinen und die noch mit Malereien geschmückten Giebelfelder des Gasthauses „Zum schwarzen Adler".

Die nordwestliche Häuserfront des Leobener Hauptplatzes um 1890. Im Bildzentrum zu sehen sind das k.k. Postamt und das „Hotel Post".

Ein ähnliches Motiv im Wandel der Zeit. Dieses Foto zeigt ebenfalls die Nordwestseite des Hauptplatzes, allerdings in den 1930er Jahren. Das Postamt war bereits in die Erzherzog Johann-Straße verlegt worden. Geblieben ist jedoch das „Hotel Post". Daneben das Haus mit dem damals noch bestehenden Julius Meinl-Geschäft und der wunderschönen, leider nicht mehr erhaltenen Jugendstil-Fassade.

Eines der traditionsreichsten Häuser auf dem Hauptplatz von Leoben ist heute noch das Gasthaus „Zum schwarzen Adler", auch Arkadenhof genannt, hier in einer Ansicht aus der Zeit um 1960. Die Parkplätze und der Durchzugsverkehr auf dem Hauptplatz gehören mittlerweile der Vergangenheit an.

Der Innenhof des Gasthofes „Zum schwarzen Adler". Das Haus, das heute noch ein herrliches Renaissanceportal aus der Zeit um 1550 aufweist, war ursprünglich ein Wohnhaus, das sich u.a. im Besitz des Rauheisenverlegers, Stadtrichters und Bürgermeisters Abraham Donnersperger befand. Im Jahr 1747 trat erstmals ein Gastwirt als Besitzer des Hauses auf.

Die heutige Stadtpfarrkirche St. Xaver wurde zwischen 1660 und 1665 als Jesuitenkirche erbaut. Sie gehört bis heute zu den besterhaltenen Jesuitenkirchen Österreichs.

Dieses vor 1889 entstandene Foto zeigt einen Teil der alten Befestigungsanlagen von Leoben im Bereich des heutigen Josefeé. Das Gebäude links neben dem Wehrturm ist das ehemalige Dominikanerkloster, das heutige Gefangenenhaus.

Die Stadtbefestigungsanlagen von Leoben wurden im Zuge der Stadterweiterung am Ende des 19. Jahrhunderts zum größten Teil entfernt. Reste der Stadtmauer haben sich erhalten, wie dieses Foto vom Peter Tunner-Park zeigt.

An der Nordseite wurde der Hauptplatz nach 1889 aufgebrochen, um eine direkte Verbindung in das Josefeé und zum Leobener Hauptbahnhof zu schaffen. Diese Stelle wurde lange als „Durchbruch" bezeichnet und blieb bis zum Bau des Citykaufhauses in dem Zustand, der hier auf dem Foto festgehalten ist.

Dieses Foto aus der Zeit vor 1900 zeigt das ehemalige Wirtschaftsamtsgebäude. Es beherbergt heute das Leobener Stadttheater. Das Theater wurde 1790 als „Armeninstitutstheater" gegründet und fand schließlich seine Spielstätte in diesem Haus.

Einen markanten Punkt auf dem Leobener Hauptplatz bildet die barocke Fassade des Hacklhauses. Diese Ansicht von 1955 zeigt es im Häuserverband des südwestlichen Hauptplatz-Viertels. Im Vordergrund ist der 1799 errichtete Bergmannsbrunnen zu sehen.

Das Hacklhaus, eines der schönsten historischen Gebäude Leobens, ist hier in einer Ansicht von 1891 zu sehen. Der allegorische Fassadenschmuck entstand um 1660. Der Name „Hacklhaus" leitet sich von einem seiner ehemaligen Besitzer, dem Gewerken Georg Hackl, ab. Anläßlich einer Reise nach Innsbruck im Jahre 1765 nahm Kaiserin Maria Theresia mit ihrem Hofstaat in diesem Haus Quartier.

Diese Luftaufnahme aus den 1950er Jahren zeigt sehr schön die Lage der Leobener Altstadt innerhalb der „Murschleife“. Gut erkennbar sind der große rechteckige Hauptplatz und die regelmäßige Anlage der Stadt. Drei Brücken verbinden die Innenstadt mit den Vorstadtbereichen, etwa Waasen und Judendorf. Zum größten Teil unverbaut erscheint noch das Lerchenfeld.

Die Winkelfeldbrücke verbindet die Innenstadt mit dem Stadtteil Judendorf. Der Holzsteg auf diesem Foto aus den 1920er Jahren wurde 1957 durch eine Fußgängerbrücke ersetzt.

Der Josefshof stand einst im Nordosten des Josefeé und gehörte den Jesuiten. Nach der Aufhebung des Leobener Jesuitenkollegs 1773 war der Josefshof Militärerziehungshaus und Militärspital. Von 1866 bis 1887 wurde er als Krankenhaus der Gemeinde Leoben genutzt. 1973 wurde der Josefshof abgerissen. An derselben Stelle steht heute das Erich Schmidt-Institut für Festkörperphysik.

1891 wurde die Sparkasse der Stadt Leoben gegründet. Das Haus in der Erzherzog Johann-Straße ist auch heute noch Hauptsitz der Sparkasse mit mehreren Filialen in der Stadt. Seit 2001 gehört die Sparkasse der Stadt Leoben dem Steiermärkischen Sparkassen-Verband an.

Der wunderschön gestaltete Trauungssaal in der Peter Tunner-Straße war ehemals der Festsaal der 1849 von Vordernberg nach Leoben verlegten k.k. Montanlehranstalt. Heute dient der prachtvolle Saal auch als Konzertsaal.

Zwischen 1887 und 1889 entstand das Leobener Stefaniespital durch Umbau des ehemaligen Kapuzinerklosters. Zahlreiche Erweiterungs- und Neubauten folgten, bis schließlich 1978 eine komplette Neugestaltung stattfand.

An der Südseite der Leobener Altstadt entstand 1967 der neue Stadtpark „Am Glacis" mit einem modern gestalteten Musikpavillon. Bereits um 1840 nach der Zuschüttung des Stadtgrabens war das Gebiet vor der Stadt gärtnerisch gestaltet worden.

Diese Ansicht zeigt das Jakobi- oder Bruckerkreuz in der Zeit um 1960. Dieses Wegkreuz nahe der Jakobikirche wurde 1512 errichtet. Im Zuge des Baues der Stadtumfahrung in den 1970er Jahren wurde das Jakobikreuz um einige Meter versetzt und restauriert.

Das Eggenwaldsche Gartenhaus ist eines der historisch bedeutendsten Gebäude Leobens. Hier wurde im Jahre 1797 der Vorfrieden von Leoben zwischen Frankreich und den europäischen Monarchien unterzeichnet. Auf diesem Foto von 1960 erkennt man die Nutzung des Gebäudes durch die städtische Gärtnerei. Nur das Denkmal mit dem Friedensengel erinnert noch an die historischen Ereignisse. Seit 1997 befinden sich im restaurierten Gartenhaus eine Friedensgedenkstätte und ein Café.

Im Laufe der letzten einhundert Jahre hat sich so mancher Platz in Leoben grundlegend verändert. So zum Beispiel auch die Kärntnerstraße im Bereich des ehemaligen Mühltales. Hier erinnern heute nur mehr einige Häuser links und rechts der Stadtumfahrung an den ehemals ländlich wirkenden Teil der Stadt.

Dieses Foto aus der Zeit vor 1900 zeigt die Straußgasse mit dem „Hotel Kindler" und einem Damen- und Herrenmodegeschäft. Heute befindet sich hier noch das „Hotel Kindler" mit einem Zubau aus den Jahren 1956/57.

Mit der Erweiterung Leobens in das Josefeé entstand hier zwischen 1892 und 1893 das „Grand Hotel Gärner". Weil er als erster auf noch unbebautem Terrain sein Hotel errichtet, wurde Johann Gärner oft als „Johannes in der Wüste" bezeichnet.

Noch in den 1950er und 1960er Jahren war das Kaffeehaus im „Grand Hotel Gärner" ein beliebter Treffpunkt der Leobener Gesellschaft.

In den Kellerräumlichkeiten des „Hotels Gärner" befand sich in den 1950er Jahren das „Stoan-Steirer-Stöckl", ein Lokal für die jungen Leobener, in dem damals auch Live-Musik dargeboten wurde. Später wurde das „Stoan-Steirer-Stöckl" noch mehrmals umbenannt und trug unter anderem den Namen „Oldtimer Bar".

Das Jägerhaus auf dem Massenberg bestand schon vor 1910. Es diente lange Zeit als Ausflugsziel für Sonntagsspaziergänger und Wanderer.

Die Sängerhalle im ehemaligen Park in der Au auf einem Foto von 1890. Sie wurde vom Leobener Männergesangsverein errichtet und war Veranstaltungsort für die vom Verein organisierten Konzerte, Versammlungen und Volksfeste.

Seit 1872 existierte in Leoben ein Freibad im Bereich der sogenannten „Au“. Dieses Foto zeigt die ursprüngliche Anlage mit nur einem Schwimmbecken, Umkleidekabinen und einem kleinen Buffet.

Eine großzügige Umgestaltung erfuhr das Leobener Schwimmbad 1959, wie dieses Foto zeigt. Seither haben in dem heute noch existierenden Bad zahlreiche weitere Sanierungen stattgefunden.

Das „Hotel zum Mohren“ in der Innenstadt gehörte zu den besten und vornehmsten Adressen in Leoben. Hier fanden im ausgehenden 19. Jahrhundert zahlreiche Bälle und andere Unterhaltungsveranstaltungen statt. Diese Aufnahme von 1890 zeigt das Hotel an der Ecke Straußgasse/Homanngasse in seiner damaligen Größe. Heute erinnert noch ein schmiedeeisernes Hinweisschild an den ehemaligen Glanz des Hauses.

Dieses Gebäude in der Straußgasse 1 beherbergt die Berghauptmannschaft. Auf diesem Foto von 1885 ist es bereits Sitz des k.k. Revierbergamtes.

Von 1868 an war Leoben mit der Eisenbahn erreichbar. Kurioserweise lagen sowohl der hier abgebildete Bahnhof Leoben-Göß als auch der Bahnhof Leoben nicht im Bereich des damaligen Ortsgebietes von Leoben, sondern gehörten zur Gemeinde Donawitz.

Dieses sonderbare Gefährt ist ein Straßensprengwagen aus der Zeit um 1880. Die Straßen waren damals nicht gepflastert und mußten während der trockenen Jahreszeit im Stadtgebiet feucht gehalten werden, um eine allzu große Staubentwicklung zu verhindern.

Das Forschungszentrum der Voest Alpine AG in der Peter Tunner-Straße 15 wurde zwischen 1973/74 erbaut. Der moderne Bau aus Stahl und Glas nach Entwürfen der bekannten Architekten Günther Domenig und Eilfried Huth sorgte in Leoben für anhaltenden Gesprächsstoff.

Am Stadtkai wurde 1966 mit dem Bau des Neuen Rathauses begonnen. Die zum Teil räumlich weit voneinander entfernten Büros der Stadtverwaltung konnten so in einem neuen und modernen Haus untergebracht werden.

Im Jahr 1956 wurde die Omnibusstrecke in Leoben bis in das Lerchenfeld erweitert. Das Gebiet von Leoben-Lerchenfeld im Osten der Stadt war erst damals zu einem dichtbesiedelten Wohngebiet geworden.

2
Rund um Leobens Bewohner und Ereignisse

Einige Vertreter des Radfahrer-Vereines Leoben aus dem Jahre 1886. Namentlich sind auf der Rückseite Josef Möstl, Dr. Valentin Schmidt und Georg Sebert genannt.

Anläßlich eines Besuches von Kaiser Franz Josef I. im Jahre 1883 in Leoben ist diese Aufnahme entstanden. Der Kaiser grüßt die versammelte Menge vom Balkon des Alten Rathauses auf dem Hauptplatz.

Zu Ehren Kaiser Franz Josefs I. wurde im Jahr 1883 der gesamte Leobener Hauptplatz geschmückt. In der Mitte des Hauptplatzes haben sich die verschiedenen Berufsstände präsentiert. Hier auf diesem Foto sieht man die Jägerschaft, die in einer eigens für den Kaiserbesuch errichteten Kulisse von Bäumen und Almhütten auf die Vorbeifahrt des Kaisers warten.

Dr. Moritz Homann (1838-1901) war Jurist, Gemeinderat und Vorsteher des Bürgerlichen Wirtschaftsamtes. Im Jahre 1883 gelang ihm der sogenannte „Homann'sche Ausgleich" zwischen der Stadtgemeinde Leoben und dem Vereinigten Bürgerlichen Wirtschaftsausschuß, in dem die Regelung des Besitzes der Bürgerschaft und der Stadtgemeinde erfolgte. Zu seinen Ehren stand im Bereich des heutigen Autobusbahnhofes bis 1971 das Homann-Denkmal.

Die feierlichen Waldbegehungen – die sogenannten Waldberainungen – des Leobener Wirtschaftsvereines fanden etwa alle zehn Jahre statt. Dabei wurden die Waldgrenzen abgegangen und am „Spitz-Christi-Stein" am Aufstieg zur Schmollhube vermerkt. Hier sieht man die Teilnehmer eines solchen Festes aus der Zeit um 1900 vor dem Jägerhaus versammelt.

Eine Jagdgesellschaft aus der Zeit um 1870 mit dem erlegten Wild. Links vorne sitzend Otto Mayr von Melnhof aus der Familie der Begründer der ersten Eisenwerke in Donawitz.

Der Gewerke Franz Endres (1847-1906) gründete 1890 eine Fabrik für feuerfeste Steine in Leoben-Leitendorf. Er war Verwaltungsrat der Alpine Montangesellschaft und der Leoben-Vordernberger Bahn sowie Bürgermeister-Stellvertreter in Donawitz. In Leoben-Leitendorf ist heute noch eine Gasse nach ihm benannt. Die Grabstätte der Familie Endres befindet sich auf dem Donawitzer Friedhof.

Für den Neubau der Montanistischen Hochschule im Josefeé wurde am 22. Dezember 1907 das erste Bauholz auf einem festlich geschmückten Pferdefuhrwerk zur Baustelle gebracht.

Im Jahre 1909 fand die Einweihung des Denkmales für Kaiser Franz Josef I. statt. Im Beisein einiger Honoratioren der Stadt wurde das Denkmal enthüllt und ein Baum gepflanzt.

1906 wurde die Rettungsabteilung der Freiwilligen Feuerwehr Leoben gegründet. Auf diesem Foto sind ihre Begründer Dr. Valentin Schmidt, Rudolf Pertl und Dr. Josef Schmölzer zu sehen.

Die Übung der Freiwilligen Feuerwehr in Leoben im Jahr 1912 lockte zahlreiche Schaulustige an. Auf großen Drehleitern stehend versuchen die Feuerwehrmänner einen scheinbaren Brand im Bereich Timmersdorferstraße – Franz Josef-Straße zu löschen.

Das Ensemble des Leobener Stadttheaters in der Saison 1902/03. Die Direktoren waren damals Alexander Rollmann und Karola Dorn, beide vorne in der Mitte sitzend.

Am 16. Jänner 1966 wurde das Jubiläum des 175jährigen Bestehens des Stadttheaters Leoben mit einem Festakt begangen. Ein Blick in den Zuschauerraum zeigt die versammelten Festgäste, darunter auch zahlreiche Politiker der damaligen Zeit, allen voran in der Bildmitte Bundespräsident Franz Jonas.

Stadt-Theater - Leoben

Großer

Bunter Abend

Zu Kriegsfürsorgezwecken veranstaltet
vom Ersatzbaon des k. k. Lir. Klagenfurt
Nro. 4.

Leiter der Abende:
Dr. Karl Leo Freyberger.

Im Stadttheater Leoben wurden während des Ersten Weltkrieges Abendunterhaltungen zur Unterstützung der Kriegsfürsorge gegeben. Ein Programmheft aus den damaligen Jahren zeigt, daß bei diesen Abenden ein reichhaltiges musikalisches und kabarettistisches Programm geboten wurde.

Eines der glanzvollsten Theaterereignisse in Leoben war im Jahr 1949 die „Jedermann"-Aufführung vor der Stadtpfarrkirche St. Xaver. Den Jedermann verkörperte Attila Hörbiger, die Buhlschaft Elisabeth Fuchs-Moosberger. Die Freilichtaufführung auf dem Kirchplatz wurde vom Obersteirischen Kulturbund, der schon damals um ein kulturelles Angebot in der Stadt Leoben bemüht war, organisiert.

Zu den angesehensten Gasthäusern Leobens gehörte das „Hotel Gärner-Baumann". Auch bei der Belegschaft dieses Grand Hotels – hier auf einem Foto von 1910 – wurde damals auf fachliche Kompetenz, Ausbildung und ein gutes äußeres Erscheinungsbild Wert gelegt.

Anläßlich der Pensionierung des Direktors des Leobener Gymnasiums Mathias Kurz (Dritter von rechts) im Juli 1919 entstand diese Aufnahme des versammelten Lehrkörpers.

Am 20. Juli 1919 fand die feierliche Weihe der Glocken der Leobener Waasenkirche statt. Der viergeschossige Turm war erst in der Zeit zwischen 1900 und 1901 nach einem Plan von Hans Pascher erbaut worden. Damals war auch die Westfassade im Stil der Neogotik umgestaltet worden.

Gruppenbild des versammelten Kirchenchores der Pfarre Waasen aus dem Jahr 1922.

Im Ortsteil Judendorf, auf dem sogenannten Winkelfeld jenseits der Mur, bestand bis 1938 die bürgerliche Schießstätte. Der 1863 gegründete Leobener Schützenverein knüpfte an eine bereits für das 16. Jahrhundert bezeugte Tradition an. Zahlreiche heute noch im Museum der Stadt Leoben erhaltene Schützenscheiben erinnern an den Brauch des Scheibenschießens, der zu unzähligen Anlässen praktiziert wurde.

Zu Beginn des Ersten Weltkrieges wurden auch in Leoben Sanitätsübungen des Roten Kreuzes durchgeführt. Alle Beteiligten haben sich zu einem Gruppenbild im Hof der ehemaligen Kaserne in der Peter Tunner-Straße zusammengefunden.

Am 20. September 1917 besuchte Kaiser Karl I. Leoben. Auf seiner Fahrt durch die Stadt wurde er von einer begeisterten Menschenmenge empfangen.

Nach dem Ersten Weltkrieg herrschte eine verheerende Hungersnot. Um wenigstens die Kinder mit einer entsprechenden Mahlzeit versorgen zu können, wurden – wie hier in der Mädchen-Volksschule Leoben – Ausspeisungen organisiert. Auf dem Bild zu sehen sind die damalige Direktorin Frau Schulrat Hörz sowie zwei Lehrerinnen und die Schulwartin.

Kinderferienaktionen fanden in den 1920er und -30er Jahren in vielen Teilen Österreichs statt. statt. Aufgrund der herrschenden Armut waren die Kinder oft unterernährt oder krank. Diese Aufnahme aus dem Jahr 1924 zeigt eine große Anzahl von Kindern, die diese Aktion in Anspruch nehmen konnten, vor dem Leobener Hauptbahnhof.

Im Jahr 1927 veranstaltete der Arbeiter-Turnverein „Freiheit" ein Schauturnen auf dem Platz hinter der Leobener Volks- und Bürgerschule. In leichtathletischen Wettkämpfen, einem Staffellauf von Donawitz nach Leoben und einem Schauturnen bot man sein Können dar und maß sich mit anderen Vereinen.

Eines der Prachtstücke des Faschingsumzuges im Jahr 1927 war das „Bier Schlacht Schiff" der Gösser Brauerei. Das Bild zeigt das Schiff mit seiner gesamten Besatzung kurz vor seiner „Jungfernfahrt" durch das rege Faschingstreiben.

Am 12. Oktober 1927 fand der Spatenstich für die neue Bahnhofsbrücke statt. Die alte Holzbrücke, die das Josefeé mit dem Bahnhofsbereich verband, war baufällig und für den Schwerverkehr nicht mehr belastbar geworden. Den feierlichen Baubeginn setzte der damalige Bürgermeister Max Enserer (mit Schürze) im Beisein von Stadtbaudirektor Raphael Meneghel (ganz links) und Ing. Peter Strohmayer (ganz rechts), der die behördliche Bauaufsicht hatte.

Der Winter des Jahres 1927 war extrem kalt. Aufgrund der lang anhaltenden Kälte war die Mur auf langen Strecken zugefroren. Ein richtiger Eisstau entstand auch im Bereich von Leoben und gefährdete die Brücken und die Wehranlage des Elektrizitätswerkes Krempl. An zahlreichen Stellen, wie hier im Bereich der Waasenbrücke, wurde das Eis gesprengt, um größere Zerstörungen zu verhindern.

Am 20. Oktober 1935 fand die feierliche Fahnenübergabe des k.k. Infanterieregiments Nr. 47 an das Steirische Infanterieregiment Nr. 11 unter großer Beteiligung der Bevölkerung auf dem Hauptplatz statt.

Die Fahnenweihe fand im Rahmen einer Feldmesse auf dem Hauptplatz vor der Pestsäule statt. Unter Assistenz vom damaligen Stadtpfarrer geistlichen Rat Weinhandl nahm der Divisionspfarrer Dr. Maurer die Weihe vor.

Der Unterricht stand in der Zeit von 1938 bis 1945 ganz im Zeichen der nationalsozialistischen Ideologie. Das Hitler-Bild und Propagandameldungen an den Wänden prägten allerorten das Erscheinungsbild der öffentlichen Einrichtungen. An der Tafel im Klassenzimmer steht ein „Wochenspruch“ des „Führers“.

Am 3. April 1938 wurde der Sonderzug mit Adolf Hitler auf dem Bahnhof in Leoben erwartet.

Gespannt erwartete eine kaum zurückzuhaltende Menschenmenge die Ankunft der neuen Machthaber.

Schon bei Einfahrt des Zuges wurden Adolf Hitler und seinen Mitreisenden die Hände zum Gruß entgegengestreckt.

Im Jahre 1938 wurde Leoben von einem verheerenden Hochwasser heimgesucht. Die Mur trat über die Ufer; im Bereich der Waasenvorstadt konnte man sich nur mehr auf Holzstegen fortbewegen.

Am 22. Mai 1938 wurde der Holzsteg – heute Winkelfeldbrücke – zwischen der Leobener Innenstadt und Judendorf durch die Hochwasser führende Mur zerstört.

In den Jahren nach 1945 ließen sich die Soldaten der Besatzungsmächte gerne in den heimischen Fotoateliers ablichten, wie hier eine Gruppe russischer Soldaten auf einem Foto aus dem Atelier Pfohl.

Eine Gruppe englischer Besatzungssoldaten vor ihren Unterkünften in Leoben.

Schon bald nach dem Zweiten Weltkrieg wurden mit nur geringen Mitteln Musikdarbietungen veranstaltet.

Die ersten Soldaten kamen in den Jahren nach 1947 aus der russischen Gefangenschaft nach Hause. Auf dem Bild wird ein Heimkehrer-Zug auf dem Bahnhof von den bereits wartenden Angehörigen empfangen.

Absolventen-Treffen

des Bürgerschuljahrganges

1918/1919

in Leoben

Einladung

Aus dem Anlasse der 30-jährigen Wiederkehr der Absolvierung der dritten Klasse der Bürgerschule in Leoben treffen sich alle Kameraden dieses Jahrganges am

17. und 18. September 1949

in Leoben, wo im Beisein unseres verehrten Herrn Schulrates Freudenthaler eine kameradschaftliche Feier stattfindet

Im Jahre 1949 fand ein Absolvententreffen statt, das die Schüler des Bürgerschuljahrgangs 1918/19 wieder zusammenführte.

Diese Aufnahme trägt auf der Rückseite noch eine Beschriftung von Schulrat Joseph Freudenthaler. Freudenthaler ist hier im Kreise seiner Schüler des Jahrganges 1918/19 zu sehen. Rechts neben ihm steht der damalige Bezirksschulinspektor Robert Bergmann.

Am 15. und 16. August 1950 fand der 2. Mühltaler Kirtag statt. Er wurde im Stadtteil Nennersdorf abgehalten und fand, wie die Presse der damaligen Zeit zu berichten weiß, erstmals 1949 nach langer Pause wieder statt. Eine Initiative, für die der Trachtenverein „D' lustigen Mühltaler" verantwortlich zeichnete.

Im Jahr 1954 fand in den Pfingstfeiertagen ein Treffen der österreichischen Trachtenvereine statt. Der Höhepunkt dieses Heimatfestes war ein großer Festzug aller Beteiligten durch die Stadt.

3
Das montanistische Leoben

Die Einweihungsfeierlichkeiten des Peter Tunner-Denkmales fanden im Jahr 1904 statt.

Peter Ritter von Tunner (1809-1897) war der Begründer der Lehre des Montanwesens in der Steiermark und wesentlich verantwortlich für eine Modernisierung der ansässigen Eisenindustrie. Gemeinsam mit Erzherzog Johann gründete er die „Berg- und hüttenmännische Lehranstalt" in Vordernberg, zu deren Direktor er ernannt wurde. 1849 wurde die nun steirisch-ständische Lehranstalt nach Leoben verlegt und 1861 schließlich zur Bergakademie ernannt. Bis 1874 war Peter Ritter von Tunner Direktor und Professor für Bergwesen.

Der erste Sitz der Montanuniversität auf Leobener Boden war in der Peter Tunner-Straße. Zwischen 1908 und 1910 entstand der Neubau auf dem Josefeé, der hier auf einem Foto aus der Zeit um 1930 zu sehen ist.

Ein Blick auf das Gebäude der Montanuniversität und das Studentenheim im Josefeé. Vollkommen unverbaut ist hier noch der Bereich zwischen den beiden Gebäuden.

Das Professorenkollegium der Leobener Bergakademie aus dem Jahr 1890. Darunter Hans Höfer von Heimhalt, Franz Lorber und Franz Kupelwieser, alle angesehene Montanisten der Leobener Lehranstalt.

Die Leobener Berg- und Hüttenschule ging aus der 1865 gegründeten Hauerschule hervor. In ihr wurden Aufseher und Steiger für den Bergbau ausgebildet. Die Schule befand sich ursprünglich im Gebäude der heutigen Bezirkshauptmannschaft. In den 1950er Jahren schuf man einen Neubau.

Im Jahr 1959 wurde die neue Berg- und Hüttenschule in der Max Tendler-Straße ihrer Bestimmung übergeben. Die Eröffnungsrede hielt der damalige Landeshauptmann Josef Krainer.

Die Absolventen des Fachkurses der Berg- und Hüttenschule aus dem Jahr 1894.

1964 fand in der neuen Berg- und Hüttenschule die erste Matura statt. Dieses Foto zeigt die Absolventen mit ihren Lehrern.

Auf dem Josefeé befand sich damals auch ein Studentenheim. Im Bereich des heutigen Universitätszubaus hatten die Studenten ihre Unterkünfte.

Dieses Foto vom 24. Juni 1930 zeigt den „Auszug" der Leobener Studenten. Der „Auszug" bedeutete den jährlichen Abschied der Leobener Hochschulabsolventen. Man feierte den ganzen Tag auf dem Hauptplatz an langen Biertischen und zog dann gegen Abend zur Hochschule.

1891 wurde die Leobener Montanlehranstalt zur Bergakademie erhoben. Ab dieser Zeit entstanden in Leoben zahlreiche Korporationen. Die Studenten der verschiedenen Burschenschaften nahmen an den „Auszügen" teil und ließen sich auch gerne, wie auf diesem Foto aus dem Jahr 1914, bei ihrem geselligen Beisammensein ablichten.

Nach den Abschlußprüfungen wurde für die Absolventen der Bergakademie eine Zeremonie abgehalten. Mit Grubenlichtern zog man zum Bergmannsbrunnen auf dem Hauptplatz. Die Absolventen mußten ihn erklimmen und der Bergmannsfigur einen Kuß geben. Das Zeremoniell, das dem Ausführenden Glück bringen soll, wird noch heute gelegentlich in Leoben abgehalten.

Der „Auszug" der Studenten fand am Beginn des Wintersemesters anläßlich des „Ledersprunges" statt, bei dem die Studenten des ersten Semesters über das „Arschleder" der Bergleute springen müssen, um in den Kreis der Studierenden aufgenommen zu werden. In den 1920er Jahren erfreuten sich solche studentischen Aktivitäten noch der regen Beteiligung der Leobener Bevölkerung.

4
Seegraben – Die Bedeutung des Kohlebergbaues

Der Kohlenbergbau in Leoben-Seegraben in der Zeit um 1870. 1726 hatte man bereits mit dem Abbau von Braunkohle begonnen. Eine richtige Erschließung der Lagerstätten erfolgte jedoch erst ab 1811.

Bergleute des Bergbaues Seegraben vor einem Stolleneingang. Dieses Foto entstand anläßlich des Bergarbeiter-Streiks im Jahr 1889.

Bereits 1875 begann man mit dem Abteufen des Anna-Schachtes im Bergbau Münzenberg. Dieser gehörte ursprünglich der Familie Friedau und wurde im Jahr 1882 von der Österreichisch-Alpinen Montangesellschaft übernommen.

Der Wartinbergschacht in Seegraben war von 1875 bis 1955 in Betrieb. Er war mit 260 Metern Tiefe der Hauptförderschacht im Bergbau. Die hier geförderte Kohle wurde von den Förderanlagen in Seegraben mit Pferdefuhrwerken zum Bahnhof nach Leoben gebracht.

Der Schutzengelbau befand sich im Bereich des Veitsberges. Die erste Bergbautätigkeit erfolgte hier 1811. Der Schutzengelstollen wurde 1848 angelegt.

Im Jahr 1913 begann man mit dem Bau der Bleichert'schen Hochseilbahn. Dadurch wurde es möglich, die Kohlenhunte von den Förderschächten ohne Umladen zur Zentralsortierung auf den Münzenberg zu bringen.

Dieses Foto aus dem Jahr 1916 zeigt die Seilbahnförderung von Seegraben nach Münzenberg.

In den 1920er Jahren wurde der Bergbau in Seegraben auf elektrischen Betrieb umgestellt. Dafür wurde 1923 eine Hochspannungsleitung von Donawitz nach Seegraben gelegt. Die Masten für diese Leitung wurden unter großer körperlicher Anstrengung aufgestellt.

Bis zur endgültigen Stillegung des Kohlenbergbaues Seegraben im Jahr 1964 wurden – vor allem in den 1920er und 1930er Jahren – zahlreiche Neuerungen geschaffen und Anlagen gebaut, wie hier der Nuchtenschacht.

Aufgrund der gefährlichen Arbeit im Bergbau fanden in Seegraben regelmäßig Feuerwehrübungen statt. Ein Erinnerungsfoto zeigt die Feuerwehrleute bei der Übung im Jahr 1931.

Vor Unfällen im Bergbau war man nie sicher. Aus diesem Grund hatte man im Bereich des Wartinbergschachtes auch einen Raum für die Grubenrettung eingerichtet.

Die Bergleute verehren die heilige Barbara als ihre Schutzpatronin. Diese beiden Bergknappen ließen sich bei ihrer Andacht vor einer Barbarastatue fotografieren. Die Aufnahme aus der Zeit um 1890 zeigt die Bergleute im Bergkittel mit dem „Arschleder", neben ihnen auf dem Boden liegen das „Berghäckel" und die Froschlampen.

Die Arbeit im Bergbau konnte auch tödlich enden. Trotz Sicherheitsvorkehrungen kam es zu Unfällen, die – wie im Jahr 1928 bei einem Unglück im Richard-Schacht – mehrere Todesopfer fordern konnten. Der einzige Überlebende dieses Unfalls, bei dem ein vollbesetzter Förderkorb in die Tiefe raste, hält hier die Ehrenwache für seine fünf verunglückten Kollegen.

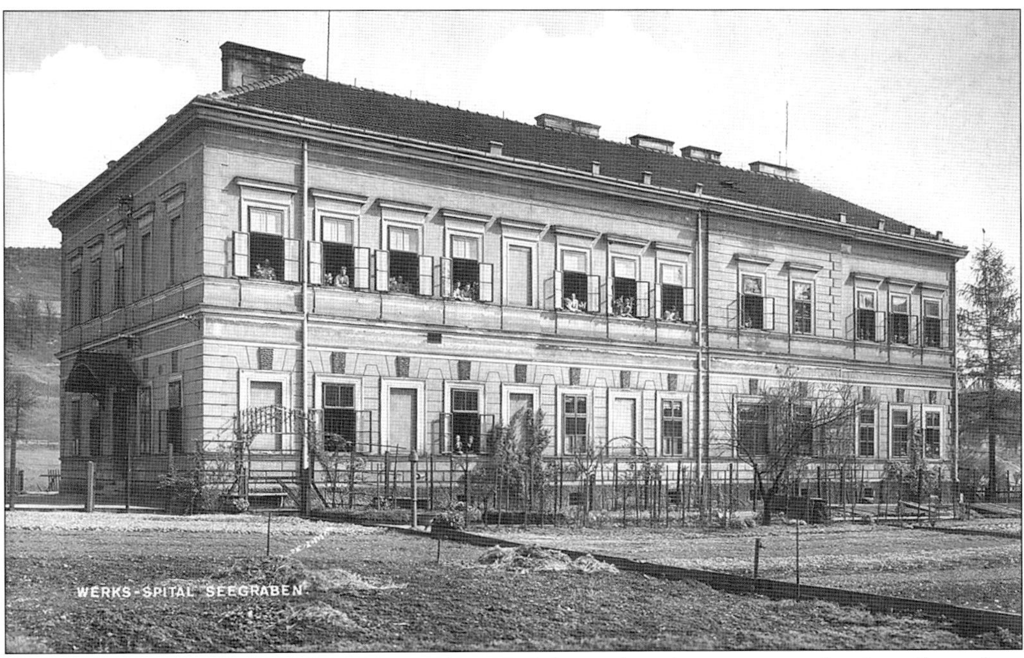

Für die Belegschaft des Bergbaues Seegraben und deren Angehörige war in Leoben-Seegraben ein eigenes Werksspital errichtet worden, um die medizinische Erstversorgung gewährleisten zu können.

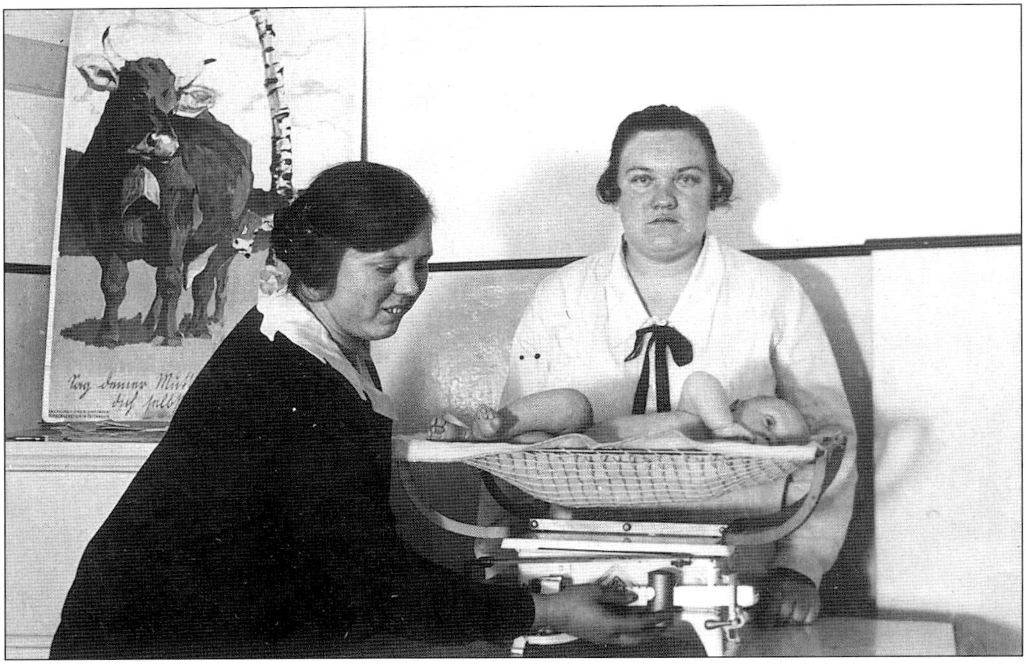

Im Bergbau Seegraben gab es für die Angehörigen auch eine Werksfürsorge. Bereits die Neugeborenen wurden hier in regelmäßigen Abständen auf ihr Gedeihen hin untersucht. Junge Mütter konnten von dieser Stelle Rat und Unterstützung erwarten.

Für die Kinder der Angehörigen des Bergbaues Seegraben gab es einen Kindergarten, der die Versorgung der Jüngsten garantierte.

In der Zwischenkriegszeit wurden das Spielzeug und die Weihnachtsgeschenke für die Kinder des Werkskindergartens von den Bergleuten in der betriebseigenen Werkstatt selbst gebastelt.

In Leoben-Seegraben gab es in der Zeit um 1950 auch eine Laien-Schauspielgruppe, die mit zahlreichen Aufführungen für die Unterhaltung des heimischen Publikums sorgte.

Die „Bergmusik Seegraben" wurde bereits 1856 von den Bergunternehmern gegründet. Dieses Foto entstand um 1900 und zeigt die Musiker der Bergkapelle Seegraben mit ihrem damaligen Kapellmeister Anton Matauschek. Die Musiker trugen im Gegensatz zu heute noch nicht die Bergmannstracht, sondern hatten eine Art Militärmantel an.

Ab 1922 wurde die ehemals werkseigene Musikkapelle als „Musikverein Glück auf – Bergkapelle Seegraben" geführt. Im Jahr 1949 wurde das 25jährige Bestehen dieses Musikvereines gefeiert.

Die traditionsverbundenen Bergleute aus Seegraben prägten mit ihren Feierlichkeiten immer wieder das Stadtbild von Leoben. Damals wie heute werden um den 4. Dezember von den Bergknappen die Feiern zum Namensfest der heiligen Barbara abgehalten. Dieses Foto aus dem Jahr 1926 zeigt die Berguniformierten bei ihrem Marsch über den Leobener Hauptplatz.

Dieses Foto entstand am 5. Juni 1927 anläßlich einer Fahnenweihe in Seegraben-Münzenberg. Der Unterstützungsverein der Berguniformierten präsentiert sich hier mit der neuen Fahne und den Fahnenpatinnen.

Dieses um 1900 entstandene Foto zeigt die versammelten Bergbeamten und Steiger des Kohlenbergbaues Seegraben. Beinahe alle tragen den schwarzen Bergkittel, der auch heute noch bei Festlichkeiten der Montanuniversität und Feierlichkeiten im Montanwesen getragen wird.

Der Großteil der Anlagen in Seegraben wurde schon Mitte der 1950er Jahre abgerissen. Der Mannschaftsstand des Bergbaues wurde in den folgenden Jahren immer weiter reduziert, bis 1964 im Jahr der Schließung nur mehr 510 Mann in Seegraben arbeiteten.

5
Donawitz – Herz der steirischen Stahlindustrie

Das Hüttenwerk Donawitz bestimmte schon zu Beginn des 20. Jahrhunderts mit seinen stets rauchenden Schloten das Vordernbergertal zwischen St. Peter Freienstein und Leoben. Das 1881 von der Österreichischen Alpine Montangesellschaft aus dem Besitz der Innerberger Hauptgewerkschaft übernommene Hüttenwerk geht in seinem Ursprung bereits auf die Zeit um 1834 zurück, als Franz Mayr das erste Stahl- und Puddelwerk der Steiermark, die Franzenshütte in Donawitz, errichtete.

Dieser Blick von der Niederung in das Vordernbergertal Richtung Westen zeigt Donawitz im Jahr 1924. Im Vordergrund der vollkommen unbebaute Platz, auf dem später die Pfarrkirche von Donawitz errichtet wurde. Die beiden Schulgebäude in der Lorberaustraße sind im Vorder-

grund zu sehen. Die Pestalozzistraße war damals noch die Hauptstraße der Gemeinde Donawitz, während die Kerpelystraße nur im Bereich zwischen Turnerstraße und Lorberaustraße existierte.

Die sogenannte Kerpely-Kolonie gehört zu den in der Zeit zwischen 1907 und 1922 geschaffenen Wohnanlagen in Donawitz. Die Siedlung entstand in dieser Zeit ebenso wie die Arbeiterwohnsiedlung in der Pestalozzistraße, um den unzähligen neu zugezogenen Arbeiterfamilien Wohnraum zu schaffen.

Mit der Kerpely-Kolonie nach den Plänen des Architekten Alfred Keller sollte in Donawitz eine Synthese zwischen Massenwohnbau und Gartenbereichen geschaffen werden. Die Siedlung ist benannt nach Anton Kerpely von Karassai, der von 1904 bis 1915 Generaldirektor der ÖAMG war und in dieser Zeit den Arbeiterwohnbau förderte.

Das Hüttenwerk in Donawitz war schon zu Beginn des 20. Jahrhunderts ein beliebtes Motiv für Postkarten. Unter genauer Benennung der Berge im Hintergrund und der Betriebsanlagen präsentiert diese Karte ein noch zum Großteil unbebautes Donawitz.

Die Dominanz des Hüttenwerkes in Donawitz war von Anfang an spürbar. Die Industrieanlagen hatten bereits um 1900 eine gewaltige Längs- und Quererstreckung. Wohnfläche gab es nur südlich des Werkes.

Dieses Foto aus der Zeit um 1955 bietet einen Blick auf das Donawitzer Wohngebiet. Im Vordergrund erkennt man das Werksbad und die Einfamilienhäuser im Bereich des „Tales", während in der Bildmitte die in Errichtung begriffenen Neubauten der Erz- und Stahlstraße zu sehen sind.

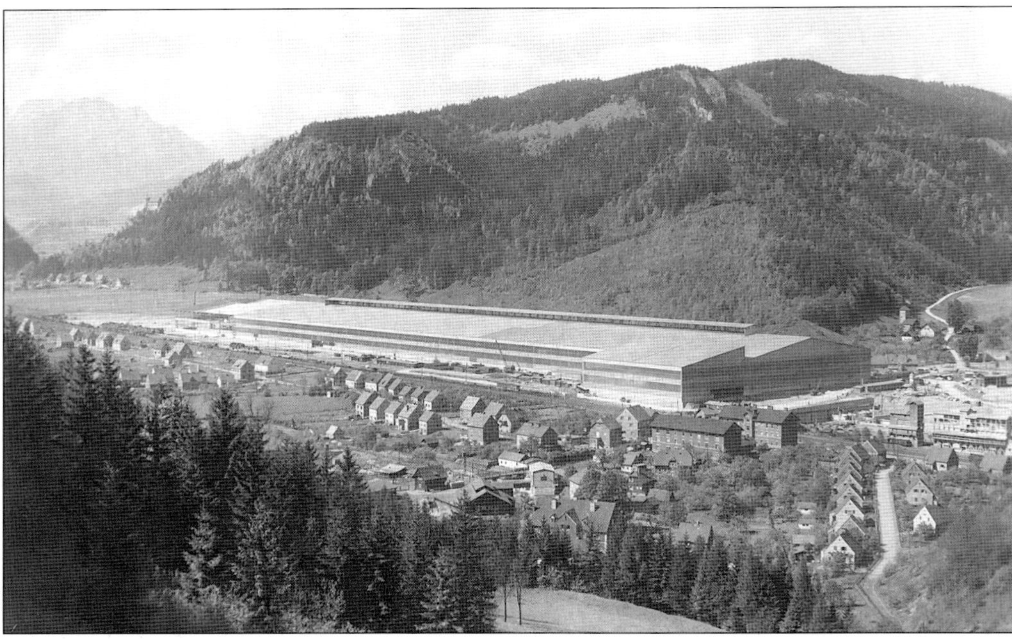

Das Feinwalzwerk war ebenfalls ein Betrieb des Hüttenwerkes Donawitz. Es wurde 1961 im Ortsgebiet von St. Peter Freienstein errichtet und beherbergt heute die vollautomatisierte Drahterzeugung der Voest-Alpine AG.

Das Werkshotel in Donawitz wurde 1913 in der Pestalozzistraße errichtet. Das bis in die 1980er Jahre im Besitz der ÖAMG befindliche Haus war über Jahrzehnte ein beliebter Treffpunkt und Ort zahlreicher Veranstaltungen.

Das Lorberauschlössl in der gleichnamigen Straße in Donawitz ist nach seinem einstigen Besitzer Johann Friedrich Lauriga von Lorberau benannt. Dieser ließ das Schlösschen 1666 in dieser Form errichten. 1882 wurde es in den Besitz der ÖAMG übernommen. Noch heute dient es als Wohnhaus.

Donawitz war bis 1939 eine eigenständige Gemeinde, besaß aber keine Pfarrkirche. Die Pfarre Donawitz wurde erst 1946 von der Pfarre Waasen getrennt. In den 1950er Jahren begann man schließlich unter dem damaligen Pfarrer Josef Jaklitsch mit dem Bau der Kirche zum hl. Josef. Der futuristische Anblick des Rohbaues der Kirche nach einem Entwurf der Architekten Karl Lebwohl und Kurt Weber-Mzell muß die Bewohner des Industrieortes sehr beeindruckt haben.

Die Weihe des Kirchenbauplatzes und die damit verbundene Grundsteinlegung wurde 1949 vom damaligen Bischof Dr. Pawlikowski unter großer Beteiligung der Donawitzer Bevölkerung begangen.

Im Oktober 1954 fand die Weihe der Donawitzer Pfarrkirche statt. Dieses Ereignis wurde von der Bevölkerung mit großem Interesse verfolgt.

Am 11. Juni 1957 wurde der Spatenstich für den Pfarrhof gesetzt. Der Pfarrer selbst setzt hier den Spaten an und wird dabei von den Anrainern unterstützt.

Der Pfarrer Josef Jaklitsch begrüßt hier den Leobener Baumeister Josef Hitthaler anläßlich des Baues des neuen Pfarrhofes.

Die Pfarrkirche Donawitz im Bereich der Lorberaustraße bildete noch in den 1950er Jahren einen äußeren Punkt des Donawitzer Wohngebietes. Mittlerweile ist auch das öde Grasland im Vordergrund einem in den 1970er Jahren erschlossenem Wohngebiet gewichen.

Diese Aufnahme aus dem Jahr 1960 zeigt die schön beleuchtete Pfarrkirche zum hl. Josef. Die Kirche von Donawitz bildet ein schönes Beispiel für ein Bauwerk, das sich sowohl in die Industrie- als auch in die Berglandschaft gut einfügt.

Auf dem Hausberg der Donawitzer, der Niederung, steht heute noch das „Niederungkreuz“, eine Wegkapelle, bei der die ländliche Bevölkerung in der Osterzeit und zum Erntedank den Messen beiwohnte, wie es auf diesem Foto aus der Zeit um 1950 mit Pfarrer Josef Jaklitsch zu sehen ist.

An den Tagen vor Allerheiligen fand beim Kriegerdenkmal auf dem Donawitzer Friedhof eine Andacht für die Opfer der beiden Weltkriege statt. Im Beisein von Kriegsopferverbänden zelebrieren der Donawitzer Pfarrer Josef Jaklitsch und der Pfarrer der Leobener evangelischen Gemeinde Theo Hoffmann diese Andacht.

Zum Symbol für das Donawitzer Eisen- und Stahlwerk wurden die Hochöfen. Sie dienten zu Beginn des 20. Jahrhunderts unter anderem auch als Motive für Ansichts- und Korrespondenzkarten, wie dieses schöne Beispiel einer künstlerischen Darstellung der industriellen Anlage im Werk Donawitz zeigt.

Die rauchenden Schlote und die Hochöfen wurden für Generationen wichtiges Zeichen für eine florierende Eisenindustrie in Donawitz.

Auch während des Zweiten Weltkrieges produzierte man im Hüttenwerk Donawitz Stahl. Hier im Bild zu sehen ist ein Hochofen der damaligen „Hermann Göring-Werke". Im Vordergrund stehen Waggons eines Zuges der Deutschen Reichsbahn, die mit Koks für die Eisenerzeugung beladen sind.

Dieser Abzug von einer Fotoglasplatte ist mit 12. Februar 1905 datiert und zeigt den Neubau eines Hochofens im Werk Donawitz.

Um 1900 entstand dieses Foto. Es zeigt einen Lagerplatz im Hüttenwerk Donawitz. Zwischen Waggons, Gleisanlagen und Kränen sind auch Frauen zu sehen, die genauso wie Männer über Jahrzehnte im Hüttenwerk in den einzelnen Betrieben wie Steinfabrik, Magazin etc. beschäftigt waren.

Ein Lagerplatz für Holz befand sich um 1910 im Hüttenwerk Donawitz ganz im Westen in einem Bereich mit dem Namen „Neuwerk".

Die Röstofenanlage in Donawitz diente der Aufbereitung von Erz zur weiteren Verwendung in der Roheisenerzeugung. Hier waren es am Beginn der 1920er Jahre die Gasröstöfen, die wesentlich bessere Leistungen und einen geringeren Energieverbrauch erzielten als die zuvor in Betrieb befindlichen Öfen.

Zu den schwersten Arbeiten im Hüttenwerk Donawitz gehörte jene beim Hochofen und in der Gußhalle.

Am 9. Juli 1920 kam es im Hüttenwerk Donawitz zu einer Dampfkesselexplosion.

Innerhalb des Werksgeländes der Voest-Alpine gab es eine eigene Werksbahn.

Die Arbeit im Hüttenwerk war anstrengend und gefährlich. Am Anfang des 20. Jahrhunderts gab es kaum Schutzkleidung für die Tätigkeit am Hochofen, wo mit dem glühenden Roheisen gearbeitet wurde. Die Arbeiter trugen hauptsächlich blaue Monturen und festes Schuhwerk als Arbeitskleidung.

Dieses im Juli 1919 entstandene Foto zeigt eine Gruppe von Arbeitern aus dem Stahlwerk Donawitz, die sich wohl anläßlich eines Jubiläums eines Kollegen zu einem Gemeinschaftsfoto zusammengefunden haben.

Mit großem Aufwand wurde der Abschied eines Werkmeisters des Werkes Donawitz gefeiert. Anläßlich seines letzten Dienstes am 15. August 1905 versammelten sich die Bediensteten des Betriebes zu einem Gruppenbild.

Ein Arbeiter beim Hochofen im Hüttenwerk Donawitz. Dieses Foto entstand um 1950.

An der Drahtstraße im Hüttenwerk Donawitz wurden in den 1950er Jahren bestimmte Abläufe der Produktion per Hand durchgeführt.

Im Bereich des Annaberges steht heute noch ein Haus mit der Aufschrift „Gasthaus Töllerlhammer“, das an die Existenz des alten Schmiedehammers erinnert. Der Antrieb der Hämmer erfolgte mit Hilfe von Wasserkraft, die durch eine Wehranlage im Vordernberger Bach gewährleistet wurde. Bis in die 1930er Jahre war der „Töllerlhammer“, der seit 1900 der einzige Hammer im Raum von Donawitz und Leoben war, der Arbeitsgeräte erzeugte, in Betrieb.

Im „Töllerlhammer“ waren mehrere große Hämmer in Betrieb. Auf diesem Bild, das um 1925 entstand, arbeiten zwei Schmiede an einem sogenannten Schwanzhammer.

In der Zeit um 1900 war die Pestalozzistraße die einzige breite Straße im Ort Donawitz. Die Kerpelystraße als Parallelstraße existierte noch nicht in der heutigen Form.

Die Arbeiterwohnhäuser in Donawitz stammen aus dem frühen 20. Jahrhundert und entsprachen in den 1970er Jahren manchmal nicht mehr den Wohnstandards. Die Bewohner waren zum Teil in anderen Ortsteile abgewandert, weil dort die Wohnqualität besser war. Die alten Donawitzer Arbeiterwohnhäuser blieben leer und verfielen zum Teil. Heute geht man wieder daran, alte Häuser zu revitalisieren.

Das „Gasthaus Graller" in der Kerpelystraße war in den 1950er Jahren einer der beliebtesten Treffpunkte in der Gemeinde Donawitz. Neben dem Gasthausbetrieb besaß die Familie Graller auch eine große Fleischhauerei mit zahlreichen Filialen.

In den 1950er Jahren wurde in Donawitz im Bereich der musikalischen Unterhaltung schon Qualitätvolles geboten. Die Big Band des späteren Kapellmeisters der Musikkapelle Seegraben Werner Pucher konnte damals beim einheimischen Publikum große Erfolge verbuchen und brachte mit ihrer Musik den damals so beliebten Big-Band-Sound auch in die Steiermark.

Das Fußballstadion in Donawitz – zwischen Vordernberger Bach und Pestalozzistraße gelegen – war bereits seit 1949 Heimstätte des Donawitzer Sportvereines DSV und einer Fußballmannschaft, die mit ihren großen Erfolgen vor allem in den 1970er Jahren als „Hochofen-Ballett“ im österreichischen Fußball von sich reden machte.

Die Fußballmannschaft des DSV im Jahr 1950.

Dr. Anton Buchmüller war von 1887 bis 1918 Bürgermeister der Gemeinde Donawitz. Sein Denkmal steht vor der Pestalozzi-Hauptschule in Donawitz.

Die Pestalozzi-Hauptschule in Donawitz wurde zwischen 1923 und 1927 erbaut. Sie wurde errichtet, um für den Nachwuchs aus Donawitz eine eigene Ausbildungsstätte zu schaffen.

Dieses Foto entstand im Jahr 1932 anläßlich der Aufstellung des Denkmales für die Opfer des Ersten Weltkrieges auf dem Donawitzer Friedhof. Die künstlerische Gestaltung stammt vom international anerkannten Wiener Bildhauer Fritz Wotruba. Heute steht dieses ehemals umstrittene und 1938 abgetragene Denkmal in einem Park in der Donawitzer Pestalozzistraße.

Anläßlich der Einweihung eines Dollfuß-Denkmales besuchte Dr. Kurt Schuschnigg Donawitz. Diese Aufnahme entstand aller Wahrscheinlichkeit nach im Jahr 1934 und zeigt Schuschnigg beim feierlichen Empfang durch die Mitglieder der Gemeinde Donawitz in der Pestalozzistraße.

Die feierliche Übergabe des Dr. Engelbert Dollfuß-Denkmals in Donawitz an die Bevölkerung fand im Beisein von Bundeskanzler Dr. Kurt Schuschnigg statt. Das Denkmal stand damals in der Pestalozzistraße.

Als eines der neuen Wohngebiete für Einfamilienhäuser wurde in den 1950er Jahren der Annaberg erschlossen. Unweit des Werkes in sonniger Lage entstand damals die „Judaskreuzsiedlung".

Bis zur Eingemeindung von Donawitz in die Gemeinde Leoben im Jahr 1939 und der Schaffung von „Groß-Leoben" gehörten auch Bereiche des heutigen Ortsteiles Leitendorf zu Donawitz. Hier blickt man von Osten auf ein relativ unbebautes Gebiet, das erst in den 1960er und 1970er Jahren vollkommen erschlossen wurde.

Die Bebauung des Ortsteiles Leitendorf wurde vor allem in den 1950er Jahren durch die Stadtgemeinde Leoben vorangetrieben. Neben dem sozialen Wohnbau wurde die entsprechende Infrastruktur für die neuen Bewohner geschaffen. Dazu zählte auch der im Vordergrund sichtbare Bau der Volksschule, der im Jahr 1954 fertiggestellt war.

Dieses Bild aus dem Jahr 1954 gewährt einen Einblick in die Leitendorfer Volksschule. Sie war damals die am modernsten ausgestattete Schule von Leoben.

Die Oberlandhalle in Leitendorf wurde 1950/51 errichtet. Sie wird heute noch für im steirischen Oberland stattfindende Viehauktionen genutzt. In den 1960er und 1970er Jahren diente sie auch als Veranstaltungshalle. Heute wird noch alljährlich zu Beginn des Wintersemesters der „Ledersprung" für die Erstsemester der Montanuniversität hier abgehalten.

Die Bundespolizeidirektion in Leoben wurde in den 1960er Jahren errichtet.

6

Göß – nicht nur Markenname für ein Bier

Diese Aufnahme von 1890 bietet einen Blick auf den Ortsteil Göß. Den Mittelpunkt dieser Ansiedlung bildete seit dem 11. Jahrhundert das Stift Göß, das älteste Nonnenkloster der Steiermark. 1782 wurde es aufgehoben und war von 1783 bis 1800 Sitz des Bistums Leoben. 1860 gründete der Bierbrauer Max Kober, der Grundstücke und Teile des Stiftsgebäudes erworben hatte, die Brauerei von Göß und legte damit den Grundstein für das weltberühmte Gösser Bier.

Das ehemalige Benediktinerinnenstift in Göß ist das erste steirische Kloster. Eine besonderes Kleinod ist das Südportal der Kirche: Der rundbogige Eingang mit einer aufwendig gestalteten Portalfläche stammt aus der Spätgotik.

Unter dem Chor der ehemaligen Stiftskirche von Göß – heute die Pfarrkirche – befindet sich eine Krypta. Diese Aufnahme zeigt die Krypta noch vor der Restaurierung im Jahr 1961, als sich noch einige Särge der Nonnen hier befanden.

Göß wird meist mit der Gösser Brauerei in Verbindung gebracht. Dieses Luftbild aus dem Jahr 1964 zeigt ein bereits nach modernsten Kriterien arbeitendes Unternehmen, dessen Betriebsgelände sich bis heute hinter dem alten Stiftsgebäude erstreckt.

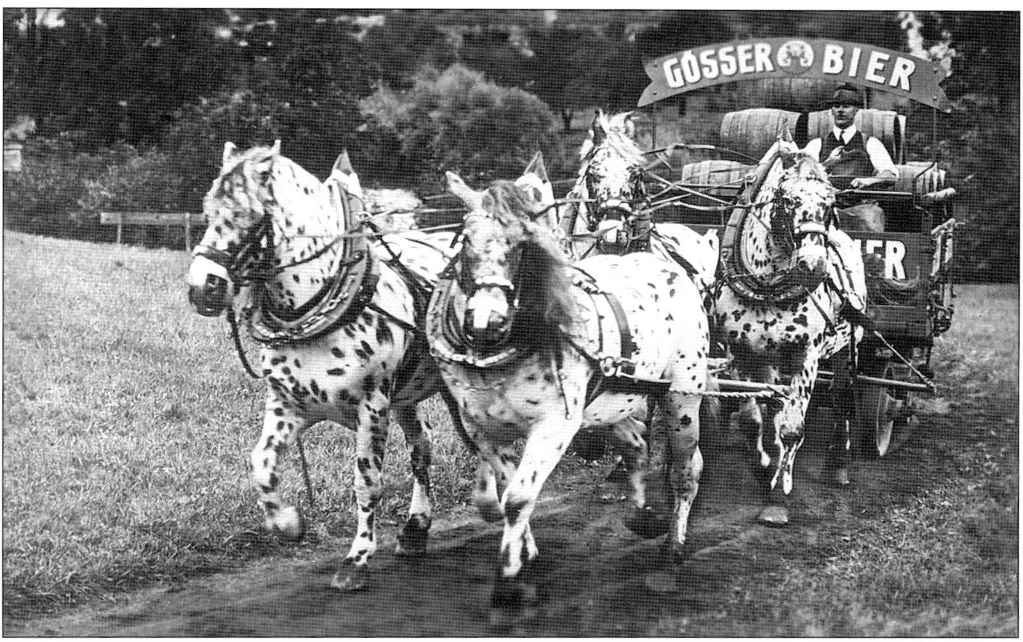

Der Gösser Bierwagen gehörte einst zum werbewirksamen Auftreten der Brauerei. Mit den von zwei bis vier schwarzgefleckten Pferden gezogenen Bierwagen wurde das Bier im Umkreis von Leoben ausgeliefert. Noch heute wirbt dieses Gespann mit den Bierfässern bei bestimmten Festen – wie dem Gösser Kirtag oder dem Bockbieranstich – für das traditionsreiche Unternehmen.

In der Gösser Straße befand sich die Gösser „Bräuhaus-Restauration", die hier auf einer Postkarte von 1910 zu sehen ist. Dieser Gasthof gehörte zu mehreren Gaststätten, die es entlang der genannten Straße gab. Sie waren gerade im frühen 20. Jahrhundert beliebte Ausflugsziele für die Leobener Bevölkerung.

Diese Aufnahme aus der Zeit um 1890 zeigt die Gösser Straße im Bereich des „Burgfried Göß". Diese natürliche Verengung der Straße durch einen Felsen war ehemals die Grenze des herrschaftlichen Einflußbereiches vom Stift Göß. Seit der Biedermeierzeit steht auf der Felsspitze ein aus Eisenblech geschnittenes Gamserl, das sogenannte „Gösser Gamserl".

Am 3. und 4. Juli 1937 fand in Göß eine große Feier anläßlich der Erhebung zum Markt statt. Mit einem festlichen Umzug, in dem wichtige historische Ereignisse der Gemeinde nachgestellt wurden, wurde dieses Fest begangen.

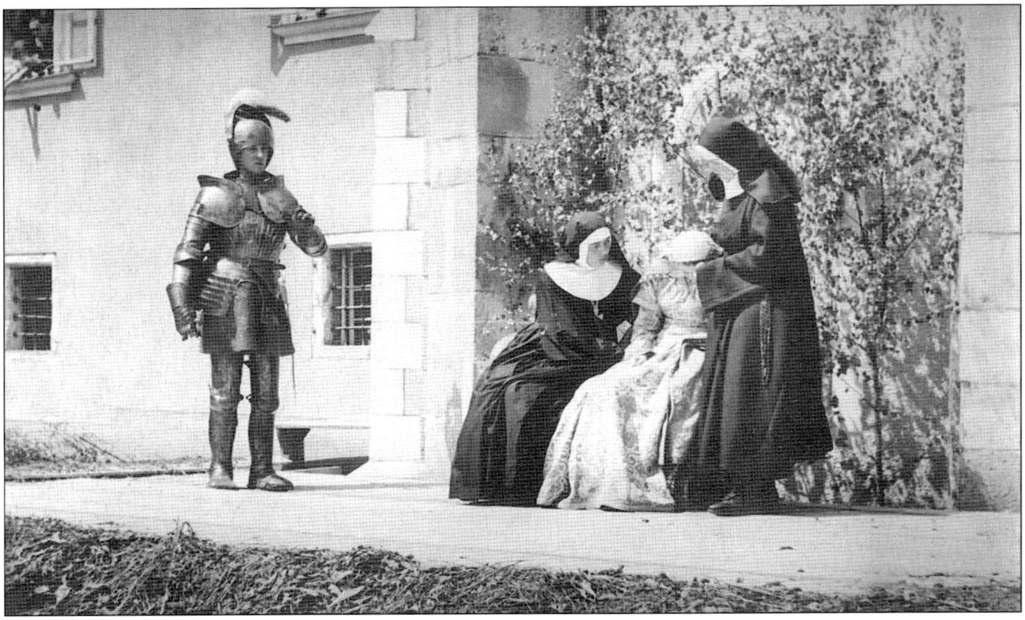

Anläßlich der Markterhebungsfeier 1937 fand auch ein Schauspiel im Abteihof des Stiftes Göß statt. Dabei wurden u.a. Szenen aus dem Leben der frühesten Äbtissinnen von Göß nachgestellt.

Die Teilnehmer des Schauspiels auf diesem Bild stellen (von links nach rechts) einen Hammerherren, einen Soldaten aus der napoleonischen Zeit und einen Mann in historischer obersteirischer Tracht dar.

Am 21. April 1937 wurde die neue Gösser Brücke über die Mur dem Verkehr übergeben. Zahlreiche Kommunalpolitiker nahmen an diesem Ereignis teil. Die Brücke verbindet den Ortsteil Göß mit Leitendorf und ist auch heute Teil einer wichtigen Einfahrtsstraße nach Leoben.

Das Spanplattenwerk in Göß wurde 1953 von Franz Mayr-Melnhof errichtet. Dieser Wagen mit Produkten wie Möbelplatten wirbt für die damals moderne Technik der Verarbeitung von Spänen und Sägeabfällen unter Beifügung von Kunstharzen zu widerstandsfähigen Platten. Die Produktion der Firma Novopan befindet sich heute noch in Göß.

Am 15. Mai 1926 fand die Stationstaufe des Bahnhofes Göß statt. Im Beisein zahlreicher Politiker der Stadt wurde die Station „Leoben“ der ehemaligen Rudolfsbahn umbenannt, und Göß bekam seinen eigenen Bahnhof, der heute noch existiert.

Im Jahr 1932 fand der elektrische Anschluß der Bahnstrecke, die direkt in die Gösser Brauerei führt, statt. Damit konnten auch Elektrolokomotiven in das Betriebsgelände einfahren.

Weiterführende Literatur

Josef Freudenthaler, Eisen auf immerdar. Geschichte der Stadt und des Bezirkes Leoben in Kulturbildern, Selbstverlag, Leoben 1939.

Josef Freudenthaler, Alt-Leoben. Bausteine zu einer Heimatkunde, Leykam, Graz 1930.

Maja Loehr, Leoben. Werden und Wesen einer Stadt, Verlag Rudolf Rohrer, Baden b. Wien 1934.

Rudolf List, Die Bergstadt Leoben. Antlitz, Geschichte, Gegenwart, Verlag Horst, Leoben 1948.

Rudolf List, Das Leobener Taschenbuch, Leoben – Trofaiach 1963.

Günther Jontes, Leoben, die alte Bergstadt. Geschichte, Kunst, Gegenwart, Verlag Podmenik, Spielberg 1995, 2. Auflage.

Günther Jontes, Leoben. Ein Führer durch Einst und Heute. Kunst, Kultur und Geschichte. Leoben 1995, 1. Auflage.

Judendorf – Seegraben – Münzenberg. Als Leoben noch Bergstadt war. Hrsg. Vom Obersteirischen Kulturbund, Leoben 1996.